길
밖
의
길

국립중앙도서관 출판시도서목록(CIP)

길 밖의 길 : 백무산 시집 / 백무산 지음. -- 서울 : 갈무리, 2004
  p. ;   cm. -- (피닉스문예 ; 4)
ISBN 89-86114-68-2 04810 : ₩ 7000
ISBN 89-86114-58-5(세트)
811.6-KDC4
895.715-DDC21   CIP2004001044

길 밖의 길

백무산 시집

2004

차례

제 1 부

11 참회
12 바람도 없이
13 꽃 한 송이
15 그대에게 가는 모든 길
17 나무의 창
19 네게로 가는 길
20 그대 없이 저녁은 오고
21 그렇고 그런 날
23 그대 가신 나라에서
25 태풍
27 내 동무
29 이럴 줄 알았으면

제 2 부

35 전하동 산번지

손님 37
잃어버린 기억 하나 39
가지 않으리 41
동해남부선 43
문병 45
미륵반가사유상의 몸 47
방생 48
설날 아침 49
슬프고 놀라운 51
방심 52
몸살 54

제3부

달은 서쪽으로 간다 57
무불사 58
달 60
눈길을 나서면 61

62 그 시절 보리밭에서

64 보이지 않는 손

66 노래

68 세월

70 씨앗 한 알에

72 봄날에

74 연

제 4부

79 운문 지나는 길

81 용서

82 생존의 일상

84 위험한 집

86 물무덤

88 작명

90 응급실

92 의심

유허비 94
착각 또는 착오 그리고 착취 96
길 밖의 길 98
그곳에 매화 100
천전리 각석 102
역의 속도 104
회향 105
홍암 나철, 그 이름 눈부셔 눈이 멀리라 107
영천 왁산 시장 109
운명 111
운문행 113
혐오 115

해설·조정환 119
바람의 시간, 존재의 노래
후기 142

제 1 부

참회

돌계단을 오르는데 바위틈에
노란 민들레가 여기 저기 환하게 피었다

참배만 하고 돌아가려 하였다
고개 숙여 찬 마룻바닥에 이마가 닿으니
젖은 향내가 훅 끼쳐왔다
오후 햇살이 세살창에 흔들려
우물에 비친 듯 하늘빛 정적이 깊다
언젠가 쫓겨 숨어 들어와
향내처럼 몸에 익힌 이 정적이
잊었던 갈증에 샘물처럼 푸르다
언젠가 결심을 깨고 떠났던 일처럼
회한이 볼을 타고 눈물 되어 흘렀다

누가 부르는 소리에 놀라 화들짝 문을 여는데
돌계단 위에 하얗게 눈이 내렸다
하늘 가득 함박눈이 천천히 아주 천천히
멈춘 듯이, 허공나무에 흰 꽃송이 피어난 듯이
천지 사방에 피어나고 있었다

바람도 없이

바람도 없이 비가 내리네
바람도 없이 낙엽이 지네
운문산 깊은 골에 내리는 빗소리
어쩌다 저 소리에 살이 그리워지는가

이런 날 이런 날은
바람 좀 있어야겠다
몸밖에 가진 것 아무 것도 없는 여자와
하는 일 천하여 애착할 것 없는 몸과
사는 일 넌더리가 나서
몸마저 놓아버리고 싶은 그런 몸과

마음은 한 점도 끼어들지 못하게 하고
몸밖의 것도 끼어들지 못하게 하고
아무리 껴안아도 바람뿐인 몸
살은 저만큼 빠져나가고 바람으로 남은 몸과

그리하여 바람이 몸을 지나가게 놓아두리라

꽃 한 송이

길이 끝나는 길에 나는 앉아 있었네
나도 끝이 나서 할 일을 잃었네
둑은 터지고 마을은 물 아래 있었네
사람길 다 끊겨 적막한 밤에
끊긴 길 위에서 밤을 지새네
나와 오래 한몸이던 이 길이
이 밤 이리도 낯서네

이대로 이 적막 위로 동이 트는데
아무도 없는데 누가 날 쳐다보는 듯
자꾸 귓불이 가려웠는데
낮은 길섶 안개 속에 구절초 한 송이
옅은 햇살에 뽀얀 얼굴로 날 보고 있었네
저리도 따스웁게 날 보고 웃는 꽃 한 송이 아,
저 꽃 한 송이가 나를 일으키네

아하, 언젠가 우리 어디선가 어디에선가
아주 아주 오래 전에 내 곁에서
눈을 반짝이며 말없이 오래 머물다 간 사람

이렇게 다시 만나네
금생에 이렇게 다시 만나네

그대에게 가는 모든 길

그대에게 가는 길은 봄날 꽃길이 아니어도 좋다
그대에게 가는 길은 새하얀 눈길이 아니어도 좋다

여름날 타는 자갈길이어도 좋다
비바람 폭풍 벼랑길이어도 좋다

그대는 하나의 얼굴이 아니다
그대는 그곳에 그렇게 늘 있는 것이 아니다
그대는 일렁이는 바다의 얼굴이다

잔잔한 수면 위 비단길이어도 좋다
고요한 적요의 새벽길이어도 좋다
왁자한 저자거리 진흙길이라도 좋다

나를 통과하는 길이어도 좋다
나를 지우고 가는 길이어도 좋다
나를 베어버리고 가는 길이어도 좋다

꽃을 들고도 가겠다

창검을 들고도 가겠다
피흘리는 무릎 기어서라도 가겠다

모든 길을 열어두겠다
그대에게 가는 길은 하나일 수 없다
길 밖 허공의 길도 마저 열어두겠다

그대는 출렁이는 저 바다의 얼굴이다

나무의 창

꽃 보러 경주남산에 갔습니다
봄비 내려 하도 쓸쓸하여
이 비 그치기 전에 다 져버릴
꽃을 보러 갔습니다

망울망울 터져 나오는 붉은 꽃들
가지마다 피어올랐습니다
그러나 꽃은 나무가 피우는 것이 아니었습니다
터져 나오는 것은 나무의 것이 아니었습니다
누군가 나무의 창을 빌렸습니다
그 어떤 열망이 있어 그 누군가의
저리 피붉은 간절한 열망이 있어
나무의 창을 빌려 얼굴 내미는 것이었습니다

나도 나무의 창을 빌려보고 싶습니다
나의 욕망은 언제나 잠시 빌려온 몸에
내 몸을 밀어 넣는 일처럼 쓸쓸한 것이었습니다
나무의 창을 빌려 안을 들여다보고 싶습니다
그곳에 내 몸 밀어 넣어

그 붉은 열망을 마저 껴안아보고 싶습니다

네게로 가는 길

언제 저리 피었나
그저께가 입동인데
대문간에 한 그루 산수유나무

앙상한 가지마다 돋은 망울들
뽀얀 털 뒤덮인 꽃망울들
산엔 아직 나무들 낙엽도 다 떨구기 전인데
한겨울이 오기 전에 이미 꽃망울 다 이루고
기다린다네 봄날 같은 너를 기다린다네

네가 내게로 온다고 꽃이 피는 건 아니야
꽃망울을 내 가슴에 다 이루기 전에
나를 버리고 너를 사랑한다는 맹세는 헛되다

내가 나를 통과하지 않고
어찌 너를 만나랴
너를 만나 꽃을 피우랴
이 겨울 다 건너기 전에
네게로 이르는 쉬운 길로 나는 나서지 않으련다

그대 없이 저녁은 오고

모내기를 끝낸 들판에 어둠이 내립니다
저녁뜸에 자던 바람이 문득 우수수 벼를 쓸고 갑니다
국도를 바삐 달리는 키 큰 화물차들의 꽁지에
하나둘 빨간 불을 켭니다
논공단지 여공들이 퇴근버스를 기다리는 길가
들을 가로질러 뜸부기가 뜽뜽 울며 납니다
베트남에서 온 여공 하나가 작업복 잠바에 손을 찌르고
고향 가는 버스를 기다리며 어둑한 하늘을 올려다봅니다
그 하늘에 주먹별 하나 글썽입니다

서녘 먼 곳으로 가버린 사람아
그대 없는 이곳이 내게도 먼 이국입니다

그렇고 그런 날

아스팔트를 독사처럼 휘감은 시커먼 바퀴자국이
거대한 트럭을 차도 밖으로 내동댕이쳤다
전봇대에 찍혀 멈춘 이십삼 톤 트럭 아래
손수건 같은 것이 근처 주유소 불빛에
하얗게 팔랑거렸다

여자는 네발로 차 밑을 기어가다 가로막는 경찰의
바짓가랑이를 잡고 뒹굴다 실신하였고
남자는 순찰차 바퀴에 머리를 찧어댔다
트럭 아래에는 예닐곱 먹은 여자아이가
그저 잠 든 듯이 모로 누워 있다

남자는 정리해고에 협조하는 것으로
목숨 부지 약속을 은밀히 받았으나
반발의 힘에 밀려 되려 자신의 모가지가 잘렸다
절반도 못 받는 비정규직 설움에 술로 비뚤어져갔다
여자도 아이를 홀로 두고 집을 비우는 날이 많았다

화물연대 총파업이 길어지자 밀린 세금 걱정에

밤중 몰래 고속도로를 피해 좁은 국도를 달리던 중이었다
운전사는 도로 경계석에 퍼질러 앉아
성냥 한 통 다 버리도록 담배 한 대를 부치지 못한다

모로 누운 아이는 아무 일도 없는 듯이
잠이 든 것만 같다
저렇게 한숨 자고 일어나
엄마, 엄마, 나 꿈꾸었어
큰 차에 치어 죽는 꿈을 꾸었어,
아이는 달려와 와락 엄마 품에 파고들 것만 같았다

그대 가신 나라에서

흰눈이 내립니다
그대 목덜미처럼 희디흰 눈이
밤새 세상 모서리 다 허물고
산과 물의 담도 허물고
그대 멀고 아득한 그 빛깔만
서럽게 펼쳐졌습니다

나는 종일 대문으로 가는 마당길을
밟지 않으려고 뒤란으로 다녔습니다
아무도 밟지 않은 길 하나
남겨 두었습니다

잠시 나 없는 사이 다녀가셨는지
높은 곳에 계셨는지
서러운 곳에 계셨는지
새 발자국 몇
찍어두고 가셨습니다

그대 가신 먼 나라에서 오는

저 눈이 서럽습니다

태풍

 늦여름 태풍이 지나간 자리
산이 골짝 되고 강이 산이 되고
마을이 돌무덤 되고 나무는 거꾸로 서고
산짐승 물짐승들도 집을 잃고 넋을 잃고

그러는 가운데 신바람이 난 무리들 있어
제 세상 만난 듯 활개치는 무리들 있어
키 낮은 들꽃들 고개 숙인 풀씨들

큰 나무들 그늘에서 햇볕 구걸하다 허리 휘고
뛰어봐야 그 그늘 손바닥이다가
큰바람에 씨앗 싣고 에헤라
천지사방으로 만리 먼 산으로 들로
바다 건너 활개치며 신바람이 나서
키 큰 나무들 꺾이고 무너진 자리
풀씨들 낙하산처럼 내려앉는데

우리들 사랑도 때로는 밖에서 오는
바람 앞에 날개를 꿈꾸기도 하였으나

그렇게 밀려온 것은 그렇게 또 쓸려갔었네
가슴에서 따스운 바람 일고
마음 깊은 곳 맑은 지혜의 샘 아니면
이제 희망을 말할 수 없네
생의 활력과 지혜의 연대
저 큰바람이 아니라 마음에서
마음으로 부는 따스운 바람 아니면
폭풍도 소용이 없으리
희망을 말할 수 없으리

내 동무

 호롱불로 밤을 밝히던 어린 시절 겨울밤은 늘 달이 밝았다. 나이가 들어서도 오랜 습성은, 밤마다 알 수 없는 헛열에 몸이 더워 깊은 밤 홀로 눈뜨는 버릇이다. 그럴 때면 늦도록 그림을 그리다가 달을 보러 밖에 나가서는 자정을 훌쩍 넘기곤 하였다.

 개짖는 소리 멀리서 들리고 휘파람 소리를 내며 겨울바람이 신작로를 쓸고 지나갈 때면 멀리서 찹쌀떡 장수의 구슬픈 소리가 바람결에 메아리처럼 들려왔다. 찹쌀떡 사이소—, 찹쌀모찌나 깨엿 왔심더—. 그 구슬픈 가락에 끌려 대문을 나서 보면 달빛이 신작로에 가득하고 토끼털 귀마개에 MP 털모자를 쓰고 떡판을 목에 걸고 소울음처럼 길게 목을 빼는 그 소리에 나도 모르게 끌려가는데, 그러다 희고 차가운 떡 하나를 그냥 얻어먹기도 했었지. 어떤 날은 짐자전거에 대게를 가득 실은 대게 장수가, 대기 왔심더—. 솥뚜껑 맨한 영덕 대기 왔심더—. 그럴 때도 달빛은 짐자전거 위에 하얗게 부서져 붉은 게들이 달빛에 헤엄이라도 치는 것 같았는데, 그래도 잠이 오지 않으면 달에 비친 내 그림자 내가 밟고 놀다가 통금

싸이렌 소리를 흘겨 듣기도 했었지.

　오랜 버릇 때문에 달은 내 첫째 아니면 둘째 가는 동무가 되었고, 우리는 허물이 없어져 내가 여자와 한방에 들 때도 그가 따라 들어오기도 했었지. 이건 비밀인데, 내가 아주 궁핍했을 때 그에게 돈을 빌려보기도 했었다오.

이럴 줄 알았으면

1970년 11월 13일, 노동자 전태일 형이
"근로기준법을 준수하라!" 그렇게 외치고
불길 속으로 걸어 들어갔다

그리고 30년 후, 2004년 2월 14일 새벽
비정규직 노동자 박일수 형이
불길 속으로 걸어 들어갔다
살아남은 자들의 추모집회에는
오직 이런 현수막이 걸려 있었다
"근로기준법을 준수하라!"
"노동조합 활동을 보장하라!"

그리고 1년 전, 2003년 10월 17일
중공업 노동자 김주익 형이
129일 간의 고공 크레인 파업 끝에
불길로 걸어 들어갔다
그의 주검 앞에서 한 여성 노동자의
피맺힌 통곡의 절규가 있었다
"이럴 줄 알았으면 민주노조 하지 말 걸 그랬다."

"이럴 줄 알았으면 민주주의 하지 말 걸 그랬다."

그랬다, 그의 절규는 짓밟는 자들을 향한 분노보다
아직도 이 모양 이 꼴로 흩어진 채
당하고만 살아야 하는
우리들 안을 향한 원망과 눈물의 절규였다

그리고 10년 전, 수배를 청산하고 돌아와서
나는 혼자 이렇게 중얼거렸다
이럴 줄 알았으면 노동자 하지 말 걸 그랬다

불길로 걸어 들어간 수많은 사람들
그들은 마지막에 이렇게 가슴을 쳤을 것이다
이럴 줄 알았으면 노동자 하지 말 걸 그랬다, 고
버릴 수 없는 것을 어찌 버렸으랴

이 싸움이 네 욕망이냐 내 욕망이냐가 될 수 없다
네 권력이냐 내 권력이냐가 될 수 없다
네 것 내 것 차별이 될 수 없다 그 자체다

강도라면 강도 자체를
총칼이라면 총칼 자체를 무너뜨리는 일
이것이 얼마나 먼 길이냐
얼마나 가까운 내 안의 길이냐
그래서 삶은 언제나 길 위에 있다
살아서 언제까지나 가슴을 치며 울기를
두려워 말자

제 2 부

전하동 산번지

정말 그곳에 있었을까. 전하동 바닷가 공단 산동네 무허가 산번지. 내가 스물 대여섯에 살던 집 골목 입구에 조그만 가게 하나 있었지. 그 가게는 여느 때처럼 출근을 한 남편이 난데없이 가마니 거적에 덮여 실려오고 나서 여자가 석달 만에 낸 가게였지. 여상을 다니는 아이 하나와 핏기 없는 예닐곱 딸아이가 살았지. 늦은 밤 퇴근길에 라면이나 편지지를 사곤 하던 가게였는데 여상을 다니는 아이가 늘 가게를 지켰지. 연탄난로 가에 앉아 희미한 형광등 아래 언제나 박범신을 읽던 아이였지.

새벽녘에 취해서 돌아오는 날이 많던 여자는 좀체 마주치지 않았다. 싸락눈이 내리던 어느 날 밤. 낡은 나무 문에 눈이 들러붙어 좀체 열리지 않았으나 문을 열고 들어가서 머리를 털고 난로에 끓어 넘치던 빨래를 들어내고 연탄불을 갈 때까지도 그 아이 무릎에 덮어둔 박범신을 펼쳐 읽을 때까지도 눈썹이 재갈매기처럼 참하던 그 아이는 꿈속 어디를 날아갔는지 소설 속의 여자가 남자를 떠날 때까지도 아이는 깨어나지 않았다. 문은 얼어붙어 열리지 않았고 뎅뎅 시계가 두 번을 쳤다.

크리스마스가 가까웠던 날. 언제나 누워지내던 그 아이 동생을 위해 반짝전구를 창문에 달아주었더니 정말 좋아라 환하게 웃었다. 그믐 전날 자정이 넘은 시각 겨울비가 질펀하게 내리던 날, 여상을 다니는 아이가 내 방문을 두드렸다. 그 아이는 비에 젖은 얼굴로 울고 있었고 등에 업힌 동생의 몸은 이미 얼음처럼 싸늘하게 식어 있었다.

나의 피도 그 즈음 겨울비처럼 식어가고 있었다. 나는 그 슬픔을 받아 안고 사랑하지 못하였다. 그 즈음 가슴에 전해지는 모든 온기를 싸늘하게 꺼버렸다.

지나간 날들이여, 오 슬프고 어두침침하고 창백한 것보다 더 사랑할 가치가 있는 것이 무엇이더냐. 나는 사랑이 아니라 분노를 택하였네. 처음 그것은 사랑을 위한 것이라고 믿었으나 내 사랑은 분노의 불길로 인해 깊은 화상을 입었네.

나는 아직도 사랑이 두렵네.

손님

내가 사는 산에 기댄 집
눈 덮인 뒷마당에 주먹만한 발자국들
여기저기 어지럽게 찍혀 있다
발자국은 산에서 내려왔다, 간혹
한밤중 산을 찢는 노루의 비명을
삼킨 짐승일까

내가 잠든 방 창문 아래에서 오래 서성이었다
밤새 내 숨소리 듣고 있었는가
내 꿈을 다 읽고 있었는가
어쩐지 그가 보고 싶어 나는 가슴이 뜨거워진다
몸을 숨겨 찾아온 벗들의 피묻은 발자국인 양
국경을 넘어온 화약을 안은 사람들인 양
곧 교전이라도 벌어질 듯이
눈 덮인 산은 무섭도록 고요하다

거세된 야성에 피를 끓이러 왔는가
세상의 저 비루먹은 대열을 기웃거리다
더 이상 목숨의 경계에서 피 흘리지 않는

문드러진 발톱을 마저 으깨버리려고 왔는가
누가 날 데리러 저 머나먼 광야에서 왔는가

눈 덮인 산은 칼날처럼 고요하고
날이 선 두 눈에 시퍼런 불꽃을
뚝뚝 덜구며 그는 어디로 갔을까

잃어버린 기억 하나

낡은 기와집이 있는 마당에 저녁 연기 낮게 깔리고 뒤란에 높고 낮은 감나무 두어 그루 겨울 깊은 잠에 빠지고 아래채를 잇댄 외양간엔 누렁소 두 마리가 뽀얗게 김이 오르는 여물을 먹고 처마에는 거뭇한 메주가 붉은 곶감과 함께 다정히 어두워가고 있다

대문 밖에 나와 저만치 멀어져 가는 딸아이에게 손을 내젓던 초로의 부부는 저녁처럼 말없이 어둡게 서 있네 무거운 가방을 든 스무 살 남짓한 아이는 동네 앞개울 징검다리 뛰어 건느느라 외로 묶은 긴 머리채가 빙글 돌아 부채살처럼 펼쳐지고 찔레나무 여관에 깃들었던 멧새들이 놀라 푸드득 날고 당산나무 짙은 그늘에서 부엉이가 막 눈을 뜨는 저녁이다

차창 너머에서 저 풍경을 다 지켜보고 있던 나는 불에 덴 듯이 놀라네 그랬지 어디에 뒀더라 어디서 어떻게 잃어버렸더라 귀한 물건 꼭꼭 숨겨두고 잊어버린 듯 잊었다 불현듯 떠오른 듯 새벽 기차를 타고 공단으로 떠난 햇수만큼 흘렀구나 거친 세월에 쓸려가 버린 날들아

불을 삼킨 듯 나는 놀라네 아, 아픈 상처에도 이제 꽃이 피려고 하네 이렇게 나도 모서리가 허물어지고 있네

가지 않으리

겨울 매서운 바람 속 밤길
눈보라에 잃어버린 칠흑 산길
호주머니에는 한 알뿐인 성냥
내 남은 길에 하나 남은 불씨

오지 않으리
가지 말아요

이곳은 사방 바람받이
아직은 사방 눈보라
내 삶은 아직 비바람 천둥

오지 않으리
가지 말아요

젖은 어깨
언 손
바람 많은 길
그을음 일으키며 꺼져갈

하나뿐인 불씨
아직 그대를 켤 수가 없어요

오지 않으리
가지 말아요

내 삶은 아직
비바람 천둥

동해남부선

바닷가가 보이는 작은 역에 기차는 서네
이제 막 다다른 봄볕을 부려놓고
동해남부선은 남으로 길게 떠나는데

방금 내 생각을 스친, 지난날의 한 아이가
바로 그 아이가, 거짓말처럼 차에서 내려
내 차창 옆을 지나가고 있네
아이를 둘씩이나 걸리고 한 아이는 업고
양손에 무거운 짐을 들고

내가 오래 전 이곳 바닷가에서 일하던 때
소나기에 갇힌 대합실에서 오도가도 못할 때
우산을 씌워주고 빌려주던 저 아이
작은 키에 얼굴은 명랑한데
손은 터무니없이 크고 거칠었던 아이
열일곱이랬고 고무공장에 일 다닌댔지
우산을 돌려주려 갔다 빵봉지를 들려주다
잡고 놓지 못했던 손

누가 저 아이 짐 좀 들어주오
기차는 떠나는데
봄볕이 저 아이 이마에 송글송글 맺히는데
누가 제발 저 아이 짐 좀 들어주오

문병

아버지가 자리에 눕자 식구들보다 동네사람들이 먼저 혀를 찼다. 아버지 노래는 고복수가 발벗고 따라올 노래라 그 노래에 취했던 술친구들이 몰랐을 리 없었다. 그 친구들이 마지막 본다고 멀리서도 다녀갔지만, 그때마다 아버지는 더 초조해하시고 잠도 잘 이루지 못하셨다. 신부님도 수녀님도 다녀갔으나 마음을 영 놓지 못하셨다.

자리에 곧추앉기도 어려울 즈음, 또 한 친구 분이 대문에 들어서자마자 고함을 질러대었는데, 어이, 인술이 있나! 바람을 일으키며 두어 걸음만에 대문에서 방까지 들어서는 눈이 부리부리한 사람은 여자였다. 왜놈 순사 때려잡던 장부가 누구한테 얻어터져 이래 뻗었노! 아버지는 그 여자를 과부조합장이라고 불렀고 몹시 반겼다.

여자는 누운 아버지 곁에 앉자마자 열아홉 살이나 되는 내가 지켜보는데도 거침없이 아버지의 바지 속으로 손을 쑥 집어넣어 아래를 더듬었다. 니 걱정할 거 없다. 칠일 안에 마 죽든지 살든지 할끼다. 한번 가지 두 번 가나? 그러고는 아버지의 귀에 대고 뭐라 몇 마디 더 하더니 오던 걸음으로 바람을 일으키며 돌아갔다. 그날 밤 아버지는 거짓말처럼 깊은 잠에 들고 마음을 놓으셨다.

    아버지의 장례를 치르고 나서 나는 그 조합장에게는 꼭 인사를 가야지 했는데 나의 객지 밥술이 목에 걸려 결국 가지 못하였다. 그때 그 귓속말도 끝내 듣지 못하고, 조합장도 이내 세상을 버렸다는 소식을 들었다.

미륵반가사유상의 몸

처음 반가사유상을 봤다는
사람이 물었다,
남잡니까 여잡니까
나는 손뼉을 쳤다

근육 하나 새겼으면 천리나 달아나고
성을 느꼈으면 만리나 달아나는 것

그러나 몸밖에서 찾는다면 오십육억 년이 도로아미타불

나는 아름다움을 느꼈으니 몇 만 리나 밖에 있을까

몸입니까
마음입니까
나는 무릎을 쳤다

방생

날짐승 훨훨 하늘로 보내고
들짐승 휘이휘이 숲으로 보내고
물짐승 첨벙 물로 보내고

물그림자는 저녁 불러 물로 보내고
산그림자는 바람 불러 산으로 보내고

산 것 죽은 것 모두
옛집으로 보내고

다 돌려보내고 손을 씻는데
피묻은 내 손 씻기지 않네
날개 꺾인 짐승의 피가 묻은 손

지는 산그림자가 쯧쯧
혀를 차며 그러네
다 그 자리에 두고
너만 보내면 될 걸
너만 남겼냐고

설날 아침

연중 그래도 쓸 만한 날은
설날 아침

일어나 가장 먼저 하는 일은
세상 떠난 자들을 위하는 일

그리고 낙엽처럼 흩어져 살던
살붙이들 새순 나듯
한 가지에 다시 피어나
뿌리에서 길어 올리는
먹을 것을 나누는 일

지난 허물
탕감하듯이

눈이라도 내리면
아하, 눈이라도 내리면

네 집 찾아

첫발 놓으리
생애 첫발을

직립보행 그 첫걸음으로
너에게 가리

슬프고 놀라운

내가 가꾼 텃밭에 잡초만 무성하네
내가 심어 싹을 틔운 것은
그늘에서 햇빛도 받지 못하였네

잡초들만 꽃을 피워 가득하네
내가 가꾼 것은 꽃망울도 맺지 못하였네

내가 꿈꾸어 온 것은 어디 가고
낯선 것만 내 텃밭에 뿌리 내렸네

어쩌다 이리 낯선 삶만 무성한가

그래도 저것은 모두 내 텃밭에 핀 꽃들
저 꽃들 모두 날 찾아 온 꽃들

뱉고 나면 언제나 낯선 말처럼
삶은 낯설어 슬프고 놀라운 것

방심

이 바다에 다시 오니 생각이 나네
거친 파도 헤치고 아이 하나 안고 나왔지
내가 스물일곱 살이던가 장사해수욕장에서
키를 넘는 파도가 치던 여름날

아이는 다섯 살 사내아이
몸은 바다속보다 차고
입술은 얼음처럼 딱딱하고 입은 동굴처럼
어둠 깊게 뚫려 자신을 빨아들이고 있었네
그 입에 숨을 불어넣다 내 속의 것을 다
게워내고 나도 그 어둠에 빨려들었지

그 아이 끝내 깨어나지 못하고
나는 구경꾼들이 건네준 술병에 쓰러졌네
경찰이 와서 경위를 설명하였네
그 아이의 숨이 넘어가던 그 시각
그 아이 부모는 해변 천막 가라오케에서
숨이 넘어가도록 노래를 불러제끼고 있었다지
방심이라고, 방심이 사망 원인이라고 하였네

방심이라니, 방심 따위로 죽음을 설명하다니
바다가 왜 그 아이를 데려 갔을까
그 아이가 무슨 경계를 넘었던가
그 아이는 지워져야 할 잘못 흘린 잉크자국이기라도 했던가
그 어떤 설명도 없이 방심이라니
죽음이 그토록 하찮은 우연이라면
삶은 또 얼마나 한심한 거품인가

방심이라니, 삶과 죽음이
마음 하나 놓았다 쥐었다 하는 자리에 있다니
그렇다면 아하, 그건 또 얼마나 눈부신 일인가
태산 같은 것을 들었다 놓았다 하는 것이
하찮고 하찮은 것이라니,
그 눈부심이 진저리쳐지게 하네
방심의 저 바다가
그 아이 입술처럼 검푸르러 진저리쳐지게 하네

몸살

나의 일년은 364일
동지에서 정월 사이 한번씩 찾아오는 몸살
적어도 만 하루는 달궈진 냄비처럼
안에 든 똥이란 똥이 다 자글자글 타고
오장육부가 숯검뎅이 되도록 끓여
까맣게 지워버리는 하루
지우고 나면 태풍이 지나간 하늘 몸

존재는 수조처럼 오염되는 것
태풍이 지구의 몸살이듯이
한번씩 몸을 엎어버리는 하루

제3부

달은 서쪽으로 간다

스무이틀 하현달 숫돌바위에 떠올라
구름파도 출렁 서쪽으로 간다

달은 왜 서쪽으로 가는가
그리 물었는가

달은 서쪽으로 간다, 그리 말하고
말이란 말 다 마쳤을 때

달은 서쪽으로 간다, 그리 말하고
마침표를 찍으려는 순간
마침표 찍을 자리가 없을 때

달은 서쪽으로 간다, 하고
달을 잃어버렸을 때

달은 서쪽으로 간다

무불사

무불사가 어디냐고 물었더니
풀썩 먼지가 일었다
길 안내 입석은 깨어져 흩어지고
마을엔 인기척 없고 길의 갈래는
늘어진 거미줄처럼 엉켰고

양지바른 돌담에 쪼그리고 앉아
이빨이 다 빠지고 세운 무릎이
귀에 가 닿은 노파에게
절이 어디 있냐고 물었더니, 누구?
-갸 작년에 죽었다 아이가
-뭐라꼬? 분숙이? 갸는 울산에 시집갔다 카이
-니는 누꼬?

나는 누군가
폐허가 된 줄도 모르고 이제야
이리 알 수 없는 그리움에 이끌려서
산조차 낡아 옛 무덤처럼 흘러내린 곳
나는 왜 이제야 이곳에 왔을까

불도 집도 사라지고 기억하는 모든 것 다 사라지고 난 후
모르겠네, 내가 떠돈 곳은 또 어딘가

풀 한 포기조차 서 있지 않은 폐허에
서 있는 것은 허망과 허공
그렇다네
허망이 오면 허망을 세우고
허공이 오면 허공을 세우고
나 다시 마을로 돌아가 세우리라
견고한 모든 것은 다 해체하고
다만 허망과 허공을 불멸처럼 세우리라

달

태초부터 한 번도
같은 얼굴을 한 일이 없는,
저것은 밖에 내다 건
생의 안쪽

언제나 낯설다
언제나 낯익다

한 번도 같은 낯설음이 아니다
한 번도 같은 낯익음이 아니다

눈길을 나서면

하바롭스크 눈 내리는 플렛포옴
흑백사진 한 장에 나는 몸을 떤다

아무래도 나는 눈물 글썽이는 사람을
등뒤에 두고 어느 눈길로 떠났던 것일까

그곳에서 무너지는 소리를 들었던 것일까
마지막 총성과도 같은

눈길을 나서면 어쩐지 누가 뒤에서
울먹이는 것만 같고

총탄에 맞은 새의 피묻은 깃털
눈 위에 흩뿌려지는
더운 피냄새

눈길을 나서면 내 피는 왜 자꾸
출렁이는가

그 시절 보리밭에서

긴 보리밭을 몇 개나 지나야 교문이 보였지만
그곳으로 가지 않고 우리는 보리밭을 더듬곤 했다
어기 종달새가 하늘 한 점 보일 듯 말 듯한
허공에 멈추어 어질어질하도록 울어대는
그 곳에서 정확히 수직으로 떨어지는 지점에
둥지를 놓았다는 것을 우리는 알고 있었다
그곳에서 연둣빛 보리 이삭 우북한 이랑 사이에
햇살을 쪼며 콩닥거리는 차돌 빛 알 두 개를
처음 보았을 때 내가 내 심장소리를
내가 처음 들었다

바다를 처음 만났을 때,
그 무한정의 세계가 현실이 아니었듯이
새의 둥지는 한없이 단순하고
지극히 연약하여 그건 실재가 아니라
물무늬 잔상인 양 어른거리기만 하였던 것일까
그 그림자 같은 그것에 손을 내밀다가 그만
너무도 허망하게 깨뜨려 엎질러버렸을 때
처음 수음을 하고 나서 밀려드는

그 미끈하고 비릿한 슬픔과 연민 같은 것
그것은 처음 내가 나를 돌아보는 아픔이었다면
내가 엎질러버린 그 비릿함은 처음 세상을 향한
슬픔과 연민에 하늘 가득 질펀한 글썽임이었다
아무래도 그 죄를 내가 다 받아 나도 모르게
아직도 까마득한 마음 한 점에서
나는 울먹이고 있다

보이지 않는 손

강가에서 놀다가 좀 시들해지면
우리는 개미를 잡아다가 싸움을 붙이고 놀았다
집이 다른 왕개미 두 마리를 손에 넣고
다른 손으로 빛을 가리면 곧 싸움이 붙었다
그 싸움이 얼마나 처절한지
다리가 몇 개나 부러지고 허리가 끊어지는 것은 예사다
목이 떨어질 때까지 싸운다
누가 하나 죽을 때까지 싸운다
우리는 키들거리다가도 치를 떨었다

자신들에게 닥친 재앙이
무언가에 의해 길을 잃었고
캄캄한 곳에 가두어졌고
집으로 돌아가지 못하게 되었고
알고 보니 다 네놈 탓이야
이곳에 올 때 너밖에 아무도 없었어
나를 이 지경으로 만들려고 날 유인하였어
내가 움직일 때마다 너는 방해가 되었어
네놈이 앞을 가려 길을 잃어버렸어

우리도 자주 그렇게 싸운다
목숨을 걸고 떼를 지어 싸운다

우리를 손바닥에 올려놓고 있는 자들은
너무 커서 보이지 않는다
보이지 않는 손도 보이지 않는다
킬킬거리는 웃음도 들리지 않는다

노러

플라타너스 새순 돋는 소리 들릴 듯하다
봄비에 연둣빛 조막손 터뜨리는 소리
풍금소리처럼 들릴 듯하다
교실도 없던 입학식 날 플라타너스 한 그루
그늘 자리가 우리들 교실이었지
그곳에 풍금 놓고 우리는 노래를 불렀지

어떤 과학자가 수천년 전에 빚은 이집트 도자기에서
소리를 재생할 수도 있을 것이라는데
물레 위에 진흙을 돌리면서 도공들끼리 나눈 얘기
흥얼거리며 부른 노래가 손끝에 떨림으로
음반 새기듯 새겼을 것이라는데
도자기도 물레의 파동과
도공들의 떨리는 숨결로 빚어진 것

나무야, 네 몸 속에서 일어나는 이 봄날의 떨림이
우리가 옛적에 불렀던 그 노래가
연둣빛 새잎으로 재생되는 것은 아닐까
나무야, 오늘 네 노래 내 몸에 다시 새겨져

언젠가 누가 다시 발굴하게 될 테지

존재는 파동이라고도 했지
저 봄날 새순들은 음악이라고 해야 할까
때로는 존재가 노래라네

세월

하루의 고된 노동을 마치고
언제나 와서 그림을 그리던 아이
그 아이 창백한 목덜미 슬픈 정맥의 빛깔이
언제나 배경이던 아크릴 캔버스
우울한 가난과 험한 노동에 지쳐 살아도
그에게로 가는 길에 놓인 작은 강에는
은빛 고기들이 반짝이었지
우리에게 약속이 하나 있었지
내 젊은 날 아주 짧은 봄날의 마지막 약속
그림을 다 그리기도 전에 강물은 불었지

흙탕물이 솟아나고 바닥을 뒤집으며
큰 풍랑이 일고 둑이 터져버렸네
세월, 그렇다네 시간은 스스로 범람하고
스스로 폭발하고 또 표류하는 것
그리하여 삶은 표류의 연속이었지
숱한 세월 흘러 나 잠시 잠잠하게
표류하면서 수면 위에 떠올라 오는
그림 하나 보네 푸른빛 수채화 한 장

오래 오래 정지되었던 풍경화 하나
그 풍경 속에는 낡은 집 하나 있고
플라타너스 한 그루 있고 너와 내가 있네
어둠에 싸였던 집에 불이 들어오고
이층으로 오르는 계단이 삐걱거리고
창밖엔 바람이 불고 잎새 나부끼네

씨앗 한 알에

음식 쓰레기에 섞여 버려졌던
호박씨 한 알이 자라 흙무더기 하나 가득
넝쿨을 뻗치고 꽃을 피워내는 것이
마치 허공에 펼쳐지는 불꽃놀이 같다

넝쿨에는 암꽃과 수꽃이 함께 피어
향기로운 손을 거쳐 씨앗을 맺고
다시 꽃을 피우기를 무수히 반복한다
그 행위는 무수하므로 모든 씨앗이
최초의 것이고 단수도 복수도 아니라
전부다

넝쿨은 자라 전부를 부수어
하나 또 하나가 되지만
그 하나는 다시 전부가 되어간다
안으로 자재하고
밖으로 관계한다
안으로 마음에 이르고
밖으로 몸을 펼쳐 둥근

생명의 넝쿨이 된다

그것은 부서지면서 완성되는
허공에 터지는 불꽃놀이 같다

나의 이 생각은 다만
넝쿨이 자라는 동안에 일어난
밖의 생각이므로
언제라도 부정된다

봄날에

봄비 내리는 언양장에
어린 동무들이 봄나들이 나왔다
눈이 순한 촌부의 손수레를 타고
어린 모종들이 올망졸망 재재거리며 나왔다

고추 모종, 토마토 모종, 호박 모종,
조롱박 모종, 벌써 노란 꽃을 단 참외 모종,
처음 나온 나들이에 소란한 시장 구경에
병아리들 봄소풍 나온 듯 소리없이 왁자하다
비를 맞고 모종 구경에 나는 정신이 팔리고
모종들은 이상한 짐승 하나 보고 신기해한다
그 중 몇은 나를 따라나섰다
바람도 없는데 고개를 흔들고 졸망거린다

내 밥상을 생각해서 우리 집에 데려가는 거 아니다
올해는 내가 너희들 집에 가서 너희들 식구가 되려고 그런다
내가 너희들을 기른다 하지 않고
너희가 나를 위해 내어놓는다 하지 않고
내가 너희들 집에 가서

너희들 살림 좀 들여다보고 싶어 그런다
너희들 자리에 누워도 보고
너희들이 꾸는 꿈도 꾸어보려고 그런다

연

산그늘 작은 마을에
내일이 설이라고 아이들이
눈 덮인 논에 나와 연을 날린다

아이들은 논에서만 노는 것이 아니다
산 꼭지에도 팔랑팔랑 아이 하나
구름 위에도 하늘하늘 아이 하나
높은 나무 위에도 휘청휘청 아이 하나

구름과 바람과 팔랑거림과
노는 놀이

바람에게 구름에게 나무에게
말을 걸며 노는 놀이

우리만이 아는 그
숱한 말들 이제 잊었고
우리들 놀이에 더 이상
바람이 없고 팔랑거림도 없고

더 이상 놀이도 없고

아이들아 내게 연 좀 빌려주려나
그것은 바람에게 말을 거는
전화기란다

제4부

운문 지나는 길

몸을 씻고 나서니 눈발 날린다
강 건너 산의 살갗이 푸르도록 맑다

운문 초입 운문산에서
겨울 물에 몸 씻고

운문을 지나야 하는데
문이 없던 것은

마음을 버리다
마음에 빠진 탓

마음이 무슨 상관이랴
그 상관을 놓아라

통과하는 이 몸이
문이라 하건만

오른손이 오른손을 잡고

열어라 하네

용서

구름은 산허리까지 내려와 비를 적시고
발 아래 바위 벼랑을 휘감고 몇 다발의 구름이
나무들을 쓸고 가는 겨울 골짜기
나는 세상으로 가고 있었는데 몽유병처럼
나 언제 또다시 여기 서 있네

언제 내가 무슨 헛된 바람 저질러
아이 하나 들쳐업고 따라와 어쩔거냐
어쩔거냐고 달아나도 달아나도 달려와
내 의지도 없이 저지른 운명의 일들을
내가 다시 받아 안을 수도 없는 저것을
흘끗 돌아보니 아 저것은
내 얼굴이 아닌가 내가 아닌가

생존의 일상

2003년 1월 9일 두산중공업 노동자 배달호 형이
불길 속으로 걸어 들어갔다
2003년 10월 17일 한진중공업 노동자 김주익 형이
불길 속으로 걸어 들어갔다
2003년 10월 23일 세원테크 노동자 이해남 형이
불길 속으로 걸어 들어갔다
2003년 10월 26일 근로복지공단 노동자 이용석 형이
불길 속으로 걸어 들어갔다
2004년 2월 14일 현대중공업 노동자 박일수 형이
불길 속으로 걸어 들어갔다

그날 그들에게 무슨 특별한 일이 일어나거나
대단한 결심을 한 것 같지는 않다
그들은 평소처럼 일터로 향하였고
평소처럼 일터를 지켰다

그날 아침들도 그랬다
그날도 일터로 향하였고
평소처럼 문을 열고 들어섰다

그들이 몰랐을 리 없었다 그날 그 안에는
불덩이가 이글이글 타오르고 있었다
그들은 늘 그랬던 것처럼 안으로 들어섰다
늘 그랬던 것처럼

그것은 일상이었기 때문이었다
그 처절함이 그들의 일상이었기 때문이었다

감옥이 일상이었고
짓밟힘이 일상이었고
생존의 공포가 일상이었다
반걸음 옆에서 타는 불덩이가 일상이었다

그들에게 허락된 땅이 없어 땅에 묻히지 못했다
그들을 살아 남은 자들의 생가슴에 묻지 않으면
그것이 아니면
저들이 옳다
짓밟는 자들, 저들이 옳다

위험한 집

어느 봄날 이른 아침, 내 방문 앞에서 새들이 다급한 비명을 질렀습니다. 나는 신발도 한 짝만 신은 채 달려나갔습니다. 이제 막 깨어나 아직 눈도 뜨지 못한 다섯 마리의 새끼가 든 노랑할미새 둥지였습니다. 그곳에는 이미 굵은 뱀 한 마리가 둥지를 감고 있었습니다. 그들은 내가 사는 집 뒷마당 바위틈에 열흘 동안이나 애써 집을 지은 가족들이었습니다. 뱀을 잡아다 혼내어 주었지만 이미 새끼 한 마리는 보이지 않았습니다. 뱀은 상처를 입고 바위틈으로 달아났으나 언제 다시 나타날지 몰라 둥지를 두어 걸음 떨어진 안전한 곳으로 옮겨 놓았는데, 새들의 머리로 반나절이 되도록 찾지 못했습니다. 차라리 새끼들을 물고 어디론가 가라고 그 자리에 다시 놓아두고 밭 두 고랑을 매고 오는 사이에 그 뱀이 다시 와서 나에게 처절한 복수를 하고 말았습니다.

어미새 두 마리는 바위 위에 앉아 두어 시간을 꼼짝도 하지 않았습니다. 그 고요가 울부짖음보다 처절했습니다. 그러고는 마당을 빙빙 바퀴 돌았습니다. 한철 봄날의 아름다웠던 날들을 추억하듯이 돌고 또 돌았습니다. 나는 가슴을 진정하지 못하였고 태도를 결정하지도 못하고 있었습니다. 새는 살아야 하고 뱀은 먹어야 하는데.

그 새가 내 집에 와서 둥지를 내렸듯이 내 마음에 기대었던 사람들을 생각합니다. 내 마음의 집에 와서 잠시라도 깃들었던 사람들, 울며 떠난 사람들을 생각합니다. 새는 살아야 하고 뱀은 먹어야 하는 그런 위험한 집이 내 집이었던가요. 내가 먹었던 걸 그들에게 얼마나 되돌려주었던가요. 얼마나 되돌려주어 모두를 살게 했던가요. 돌려주는 것이 더 크지 않으면 세상은 위험한 집입니다.

저 답답한 머리를 달고 사는 새들이, 가족을 잃고 떠나면서 자신이 살던 집 마당을 빙빙 돌면서 삼켰을 슬픔이 얼마나 컸을까요. 세상은 아직 위험한 집입니다.

물무덤

운문댐에 물이 빠지자
물 아래 마을이 다 드러나네
버스가 다니던 비포장길이 하얗게 드러나네
길가 실개천과 논둑 밭둑 고랑들이 선명하고
당산이 있던 돌무더기 집이 있던 자리
헛간 돌담과 개천 건너던 작은 다리 보이네

오늘처럼 명절이면 뽀얀 먼지 일으키며
완행버스 타고 반가운 얼굴들 돌아오던 길
어제가 설이라고 관광버스 대절하여
물에 잠긴 고향 찾아와 상수원 보호 철책 잡고 노인들 우네

―저거 아부지요, 머시기 할배요, 내가 왔심더
―언년아, 큰애기야, 내가 보이나
목놓아 우네 울다 코를 팽 풀고 관광버스에 다시 오르네

슬프고도 무섭네 저 물이 세월을 지우고 기억을 지우고
사람을 지우고 밀려드는 저 물이 무섭네
까맣게 지우며 밀려드는 저 검은 물 무심한 세월이 무섭네

―애들이 기다리겠다
―사우들은 세배 온다 캤다, 얼릉 가자, 얼릉
눈물도 닦고 오줌도 누고 코도 풀고
달아나듯 또 가네 뒤도 안 보고 가네
가서 그리워서 또 오네
슬퍼서 아름다운 세월의 무덤
두려워서 그리운 저 물무덤

작명

늦둥이 안고 와서 이름지어 달래는 사람 예비군 가서 까버렸는데 느지막이 배관공사 다시 해서 낳은 자식이라는데 무슨 점지 받았나 안아보니 한숨부터 나온다

지구는 초만원이라고 식량 전쟁 난다고 선지자 맬더스 말씀 받들어 불알 까면 이것 준다 저것 준다 한 것이 언젠데 노인 인구 넘친다 노동력 모자란다 땜질 다시 하면 뭣도 주고 뭣도 준다 노동이 종치는 사회가 온다고 일자리 없어 실업자 늘어 탄식 청년 실업 탄식 조기 정년 걱정 날로 더 늘어 걱정 대책 없다 걱정 걱정 그런데도 노동력은 날로 부족하다 하네 출산장려금도 준다 하네

필시 이 아이 강남에서 태어나지 못해 일류대학은 일할 점지 받았고 지방 출신이니 서울의 대학에는 삼할 점지 받았고 아버지가 전문직도 중산층도 못되고 정규직에서 퇴출되어 파리목숨 비정규직이니 아버지를 세습할 확률 구할을 점지 받았네 장가들 땐 이 나라 저 나라 여자 구하러 떠돌아야 할 판

그런데도 노동력이 부족하다고 아이 펑펑 낳으라고 아이 낳아 경품 받고 사은품도 받으라고 상품을 낳으니 줄줄이 낳으니 고맙다고 그래 그것은 경품이 맞지 사은품이 맞지 많으면 많을수록 좋고 좋지 사십 년 쓰던 물건 삼십 년 쓰고 버리고 삼십 년 쓰던 물건 이십 년 쓰고 버리고 이십 년 쓰던 물건 십 년 쓰고 버리고 닳으면 헐값으로 차떼기로 쓰고 덤핑으로 쓰고 버리고 계급사회는 지금이 시작일지도 몰라 계급은 세습을 할 때라야 비로소 계급이 되는 거지

이 아이 자라서 또 우리처럼 싸운다는 건 끔찍한 비극 네 이름을 뭐라 할까 네가 태어난 날에 무슨 별이 떴지 누구나 태어날 때 별 하나 함께 뜨지 뭐라 해도 탄생은 그 자체가 희망이지 어여쁜 우리 아이야 네 이름 뭐라 지어서 줄까

응급실

앰뷸런스에 이제 막 실려온 사람은
몇 번째인가, 아흔 노인이다
이곳에서 죽음은 슈퍼마켓처럼 소비될 뿐이다
죽을 새도 없이 문을 닫아 걸 틈도 없이
호흡기를 꽂고 바늘을 찌르고
전기로 지지고 화공약품으로 절이고
반짝 소생의 시간만큼 세금계산서로 청구된다

죽음은 더 이상 두렵지 않다
소비의 종말이 두려울 뿐이다
소비능력은 가동 가능한 기계처럼 생존의 조건이다
그 능력을 상실한 것은 죽음이 아니라
폐기된다 자신이 쓰고 버린 물건들과
포장지와 뼈다귀와 깡통들과
또 자신이 쓰고 버린 사람들과 함께
사라지는 것이 아니라 버려진다는 걸
돌아가는 것이 아니라 소비된다는 걸 잘 알므로
이곳에서 죽음의 공포는 없다

이곳에서 죽음은
욕망의 일부로 청구될 뿐이다
그러므로 물청소처럼 죽음이 너무 맑아
눈부실 지경이다

의심

장터거리에서 가까운 길가집에서 살던 때
밥술 좀 얻어먹을 수 있겠느냐고
간혹 지나가던 뜨내기가 들러 사정하던,
지금 내 나이나 되었을 남자들이 있었다

하루 두끼나마 겨우 먹던 시절 그나마 한 끼는
죽으로 때우던 때였지만 어머니는
솥에 남은 찬 보리밥 누룽지까지 긁어서
된장 한 그릇에 찬물 한 그릇 차려
툇마루에 상을 내어주기도 하였다
남자는 찬물을 두 그릇이나 먼저 비워
배를 채우고는 천천히 밥을 먹었다
어머니는 마루 끝 아궁이에 불을 지피거나
절구에 무언가 찧으시며 넌지시
집안 사정을 물어보기도 하였다

식구들 처가에 매끼고 일 찾아 이리 댕기니더
남우 집 머슴살이 할라 케도 그도 잘 안되니더
아아는 너이인데 우째 쌀꼬 걱정이시더

남자는 눈물을 글썽이며 몇 번이고 허리를 굽히고는
먼지 바람 속으로 사라지면 그게 안쓰러워
길게 폭 한숨을 내쉬며 혀를 차시던 어머니

이제 팔순이 되신 어머니는 어느 날
불쑥 혼잣말처럼 앞뒤 없이 내뱉으셨다
  내가 암만 생각해도 그때가 훨씬 사람 사는 거 같이
  살던 때 아닌가 그 생각이 자꾸 든데이
그 고생 많던 때를 어찌 돌아보고 싶어하실까
어머니는 우리 사는 본새와 우리의 미래를
꽤 깊이 의심하고 계시는 눈치였다

유허비

예전에 이 동네에서 살았던 적 있지
야산 자락에 등이 휘고 손이 거친 사람들
겨우 기대어 살던 마을
옛길 하나 옛집 하나 남김없이 다 밀고
새로 들어선 마을 다시 와 보니
최제우 선생의 처가가 있던 자리라고
선생의 유허비가 요란하게 서 있네
처가 터에 무슨 유허비냐고?

그렇지, 변변찮은 사내 하나 있었지
삼세끼 피죽 끓여먹더라도 처가는 넘보지 말랬더니
숫제 처자식을 처가에 떠넘기고 떠났다가
노숙자 꼬라지로 돌아온 일도 다반사라던데
그네가 떠난 길은 '밖'이던가 '붉'이던가
그것이 무엇이든 가야만 하고
가지 않으면 안 되는 일에 대해서
가는 내가 길이 되고 통과하는 내가 문이 되어서도
다시 또 가야 하는 일에 대해서
나도 사무친 일이 있네, 그렇다네,

변변찮은 사내여, 어쩐지 그 일은 내게도
전생에 못다 간 길처럼 가슴이 더워지네
나를 데려가시게, 변변찮게 살고 싶네

착각 또는 착오 그리고 착취

저기 한 할머니 걸어가시네
흙 묻은 고무신에 낡은 몸뻬
한 다리는 절고 한 팔은 손목에서 꺾여
제멋대로 떨고 눈빛은 흙빛
짚단을 한 팔에 안고 절룩이며 가시네

평생을 부려보지 못한 무거운 짐
갖은 고초 쉬어본 일 없고
허물어질수록 더욱 무거워지는 육신

나는 인정할 수가 없네
하루 일을 마치고서도 쉴 집으로 가는데
연어들도 삶의 절정에서 훌훌 벗고 가는데
철새들도 몸 비워 먼 하늘에서 모습 감추는데

이만하면 날개라도 달아야 할 일 아닌가
무슨 해방의 날이라도 있던가
해탈 비슷한 거라도 해얄 거 아닌가
하루의 노동이 돌아가 나눌 사랑 때문이라면

저 고된 삶은 어디로 돌아가는가
나는 결코 인정할 수 없네

저 착각 또는 착오 그리고 착취
나는 슬픈 노래 부르고 싶지 않다

길 밖의 길

뻔한 길을 잘못 든 남산에서
발 닿는 곳마다 벼랑이다
이 작은 산에서 길 찾는 일은 쉬운 일이다
그래, 저 아래 세상길도
알고 보면 모두 폐쇄회로다
나는 길을 가려던 것이 아니라
산으로 왔던 것이다
길이 끊긴 곳에서 산이 아닌가

그러나 산은 또 무엇하랴
나는 산에서도 내려서려고 하였다
가파른 벼랑 끝에 다다라
나는 멈추었다

길과 산은 다하였고
나는 탑이 되었다
한 발 더 내딛지 못하고
탑은 다시 길이 되어
산을 내려간다

걸어가는 이 몸이 길이 되었다

그곳에 매화

작은 화분에 심어 기른
붉은 매화 한 그루
겨우내 한데 마루에 놓아둔 그것이
아직은 정월인데 매서운 바람과
볕도 없는 그늘에서 바람 많은 날
어둠 속에서 떠오르는 별처럼
붉은 망울망울 터뜨리는데

하, 저 붉음은 어디서 오는 걸까
누굴 위해 내미는 따스운 손길일까
누구에게 물릴 따듯한 젖꼭지일까

나 오래 전에 비밀스런 영혼을 가진
한 아이가 꾸는 붉은 꿈을 엿본 후에
세상과 오래오래 불화하여 돌아오지 못하였네
저 붉고 향기로운 나라에서 쫓겨나
망명지의 유민이 되어 오래 흘러 흘러
다시 돌아올 수 없었다네

그리움은 이제 존재의 이유
손에 잡히는 모든 것은 거짓
저 꽃이 건너온 머나 먼
강 건너 손을 내밀어보네
수평선 너머 불어오는 바람을 안아보네

천전리 각석

그 여름 못 잊어 찾아온 천전리
바위에 그린 그림 온갖 무늬를 보네
언제 누가 무엇을 남겼나
큰 바위에 수없이 이어지는 동심원과
복잡한 물결 무늬, 기호와 문자들
무엇으로 저리 새겼을까
손톱 손톱에 피흘리며 남기려 한 건 무얼까

그 여름 한 때 못 잊어 찾은 곳
그 여름 자취 없고 눈발만 날렸네
식어버린 길을 따라 산을 넘어서
바위 계곡 휘돌아 여울진 물길
오직 가망 없는 그리움 하나 말없이 들여다보고
물에 비친 상처들 가슴에 복받쳐
물 위에 내려앉는 눈송이들처럼
한없이 빨려드는 깊은 여울처럼
끝없이 부서지는 그리움에 사무치니

알 것도 같네 그때 저 바위에

그림 새긴 사람의 마음
그 노래 새긴 마음 그 울림도
들릴 듯하네
손톱에 피 흘리며 새긴 사연들
그 마음 무늬도 읽을 것 같네

역의 속도

가을 물살 헤치고 거슬러 오르는
황어의 속도로 오르던 날들 있었지
그러나 그것은 밖으로 흐르는 속도의 표류

나는 나를 놓아 낙하를 시도했네
그것은 직진낙하 폭포의 속도

바닥에 발 닿는 소리에 놀라
올려다보니
우주의 무게로 퍼붓는 속도

돌아보니 달리는 건 내가 아니라
세상이었고
폭포는 구심에서 무섭게 달려가네
정지의 속도

나무처럼 뜨겁게
달려가는
역의 속도!

회향

연어가 자신이 떠났던 곳으로
수만 리 먼 여정을 다하였다
그러나 아직은 회향이 아니다

산란을 마치고 마지막 숨을 몰아쉬며
배를 뒤집고 처음 본 그 하늘 다시 본다
그러나 아직은 회향이 아니다

자연은 고단한 그를 거두어
긴 안식의 집으로 데리고 갔지만
아직은 회향이 아니다

나서 죽기까지 어떤 경로도
아직은 직선이다

알에서 깨어난 새끼들이 어미에게서
물려받은 운명을 더듬어 길을 나선다
새끼들은 분신이지 내가 아니다

나는 죽어서도 아직 나다
내가 나를 내려 놓았으나
아직은 회향이 아니다

내가 나를 비켜 가는 것이다
달은 한번도
같은 달이었던 적이 없었다

홍암 나철, 그 이름 눈부셔 눈이 멀리라

저 광화문 네거리에
동상 하나 세우지 않은 일이 얼마나 다행인가
이 나라 중심부 어디
국회의사당이나 정부종합청사 어디
영정 하나 걸려 있지 않은 일이 얼마나 다행인가
저들의 역사책에 그 이름
새겨 놓지 않은 일이 차라리 얼마나 다행인가

그랬으면 얼마나 욕되었을까
그 이름 위에 세운 나라가 이 모양이면
그 정신 앞세워 이룬 나라가 이 꼴이라면
그 이름 얼마나 욕되게 하였을까

팔아먹은 자들이 차지한 나라
저들이 두려워서 파묻어 버린 그 이름
저들이 무서워서 애써 지운 그 이름
저들이 공포에 질려 못질을 해버린 그 이름
차라리 얼마나 다행인가
저들 손이 미치지 않아 때묻지 않은 그 이름

백두산에서 구월산에서 천지에서
저들의 발길이 미치지 않아 하늘에 가까운 그 이름

이제 그 이름 먹구름 걷히듯 태양 다시 열려
저들은 눈이 부셔 눈이 멀리라
그 꾸짖음에 놀라 귀가 먹고
그 발길소리에 놀라 오금이 굳어버리리라

아직은 소금이 되어 썩지 말라 하시나
이제 곧 봄날 진달래처럼 혹은 들불처럼
피어나라 피어올라라 하실 것이니

영천 완산 시장

　그 사람들 다 어디로 갔을까 그 옛날 놀던 장터거리 어느 한곳은 모자라고 모서리 하나는 부서지고 허물어진 사람들

　장날이면 총상 입은 다리 절룩이며 방앗간 담벽 아래 구덩이를 파고 장작 피워 크고 작은 신발 쇠틀 달구어 메케한 냄새 피우며 고무신을 때우던 사람 젖먹이를 안고 온 그의 아내는 옆에서 고무를 자르거나 사포질을 도우다 흙에 코를 박고 노는 아이 당겨 크고 흰 젖통 꺼내어 물리고 군용 찬합에 싸온 밥을 덜어 까만 손톱으로 김치 찢어 남자를 먹이던 여자

　백발가나 회심곡을 목이 타도록 부르고 약을 돌리던, 쪽진 머리에 뺨이 붉은 여자 묘기를 보여주겠다는 남자는 긴칼을 휘두르다 몇 번인가 웃음거리가 되자 약상자 들고 종종거리던 비녀 찐 머릿결이 곱던 그 여자

　남자는 큰북을 등에 지고 걸었고 걸음을 뗄 때마다 신발 뒤축에 달린 끈이 북채를 당겨 둥둥 앞서가고 여자는 화장품 그릇을 들고 등에는, 동동구리무 바르고 이뻐지자

엄마야 아빠야 동동구리무 사러 가자, 포스타를 걸고 이마에 흐른 땀이 화장한 얼굴에 땟국이 지도록 장거리를 돌던 그 사람들

곧방대를 팔고 토정비결 봐주던 외팔이 영감은 신수 보러오는 사람들에게 담뱃대로 머리통을 탕탕 두드리며 욕설 훈계를 하고, 장꾼들 둘러 앉히고는 사씨남정기나 심청전을 읽어주며 눈물 콧물 빼느라 거품을 물던 사람

처녀들에게 연애소설을 빌려주던 가설 천막에 조무래기 우리들 몰려가 턱을 괴고 앉으면 이광수나 먼 나라 동화를 읽어주던 목소리가 발동기처럼 우렁우렁하던 얼굴이 잘생긴 사팔이 그 청년

다 어디로 갔을까 그들이 가고 난 자리 오늘 그 장마당에 다시 오니 쇼윈도는 눈부시나 사람들 낯빛은 슬프고 눈빛은 야박하네 이것이 그 가난으로부터 미래인가 낡은 것으로부터 새것인가 나는 그 생각을 하느라 장마당을 몇 바퀴 돌았는지 모르네

운명

눈이 오다 비가 내린다
비가 오다 눈이 내린다

젖은 어깨 뼛속이 시리다
부은 발이 신발 속에서 질벅거린다

눈보라 속에 길이 드러났다 감춘다
이런 날 아니고서야 어찌 길을 나서랴

그 많던 젊은 날들
하루도 나의 날은 없었다
그 숱하던 봄날
하루도 나의 날이 없었다

길에 패인 웅덩이에 하늘이 비친다
물 위에 부는 바람에 뼈가 시리다

비가 오다 눈이 내린다
이제 눈앞에 드러나는 길 하나

그 길엔 이미 끊어진 벼랑이 보인다
눈이 내리다 비가 내린다

사람들이 돌아 나오는 길
그 길로 나는 간다

운문행

운문에 가려고 버스를 기다리네
시골 낡은 정류장 무싯날 오후
온다는 차는 좀체 오지 않고
칠이 벗겨진 낡은 의자에 노인 두엇 졸고
매표구 안에는 남녀 서넛이 화투패를 돌리고
뿌연 창에 비친 오후 햇살이 졸음을 몰고 오네
노인 하나 들어와 시간표를 하염없이 보다 가고
개 한 마리 어슬렁 대합실을 돌고 가네

신문을 사서 볼까 책을 읽을까 하다 말고
이럴 땐 생애를 읽어두는 게 좋을 듯하네

낡은 정류장처럼 시간이 다 빠져나간 다음에
글씨 몇 자 드러낼 것 같네

이토록 한없이 늘어진 졸음 끝에
글귀들이 먼지를 털고 일어날 것 같네

이럴 땐 갈 길도 잊어버리고

하염없이 졸다 차도 다 놓쳐버리고 싶네
운문이 졸음 끝에 매달려 기둥이 썩고 있네

혐오

무엇이 세상을 지배하는가
무엇이 권력을 탄생시키고
무력을 조직하며 이데올로기를 조작하는가
무엇이 전쟁을 유도하고
무엇이 학살을 지시하는가

그것은,

혐오다

그대, 거리에 나가 목청껏 평화를 외쳐 보아라
그대가 만약 가진 것이 없거나
가진 것이 없는 자들의 편이거나
가난한 나라의 가난한 백성이거나
지구상의 지배적인 종족이 아니라면
그대에게 돌아오는 것은
박수도 아니고 찬사도 아니다
혐오의 화살이다

그대들과 함께 같은 지위의 평화를
누린다는 것을 역겹도록 혐오하는 무리들이
어떻게 저들과 우리가 모두 함께라고
말할 수 있느냐고 치를 떠는 자들이
그대의 그 가난한 평화에 침을 뱉고 혐오한다

그대, 다시 거리에 나가 이제
정의와 평등을 외쳐 보아라
이것들이 보편적 가치라고 알고 있다면
그대는 손가락질을 면하지 못하리라

저 무지하고 저급한 무리들과
저학력과 유색 피부와 저열한 종족들과
같은 거리를 활보하고 같은 권리를 누리고
같은 식탁에 마주앉다니 어떻게 저들과
아래위도 없이 자연의 질서도 무시하고
살 수 있느냐고 혀를 차고 비웃으며
혐오하고 있다

그대, 다시 거리에 나가 이제
사랑이라고 외쳐 보아라
그것이 초월적 가치라고 생각했다면
그대는 손가락질을 면할 수 없으리라
언제라도 준비된 폭력 역시
사랑이라는 이름을 가졌다
어떠한 침략이 신의 정의와 사랑의 이름으로
짓밟지 않은 것이 있느냐
저들이 차별의 금기를 확고히 하고
저 높은 곳에서 시혜를 베풀 때만 사랑이며
그 사랑을 지키기 위해 차별의 혐오를
재생산해야 하는 것이다
모든 평화를 제압하여야
저들의 평화가 찾아오는 것이다

혐오의 서열화는 거대하며 동시에 미세하다
문화의 차별과 지역 차별과 남과 북 동과 서
소수와 다수 남자와 여자의 차별과
존재와 삶의 정체성의 차별과

아, 저 학벌 차별의 혐오를 보아라
고졸 대통령에게 퍼부어대는 독설을 보아라
비난받을 짓에 비난의 돌을 던져라
그러나 차별의 혐오를 야비하게 조작하여
국회를 마비시키고 언론을 발작하게 하고
쿠데타를 선동하는 저 구국의 발악적인 투사들을 보아라
저들이 구국이나 민주주의를 들먹이며
분을 삭이지 못하고 있지만
기실 감추고 있는 것은 치졸한 차별적 혐오다

전쟁이냐 평화냐가 아니다
평화의 반대는 전쟁이 아니라 혐오다
차별의 혐오는 이미 우리의 일상을 지배한다
차별의 전쟁은 우리 안에서 들끓어 올라
생계수단을 차별화하고 국가이데올로기를 복제한다
무한경쟁의 자본은 무한차별의 혐오화다
그 서열은 국경을 넘어 제국을 탄생시켰다
그것은 다시 우리 안에서 복제된다
평화의 반대는 전쟁이 아니라 차별적 혐오다

해설

해설

바람의 시간, 존재의 노래

조정환

1

　백무산 시인이 대지와의 합일을 통해 궁지에 처한 혁명을 움직이려 해 왔다는 것, 이것을 둘러싼 무수한 오해는 이제 조금씩 걷히는 듯하다. 그는 망치의 노래를, '두드려라 그러면 부서질 것이다'(「공구와 무기·2」, 『만국의 노동자여』, 청사, 1987, 73쪽)의 희망을 반복해서 듣고 싶어 하는 사람들에게 오히려 '나아가지 못하나 머물지도 못하는' '가파른 벼랑', '칼날 같은 경계'(「경계」, 『인간의 시간』, 창작과비평사, 1996, 24~5쪽)의 아찔함을 타전할 뿐이었다. 변명도 없는 그 뜨악한 단절 앞에서 사람들은 당황했다. 성급한 사람들은 그가 '역사'를 피해 '산'으로 숨어버렸다고 질타했고 웅성 깊은 사람들은 끝내 그가 우리에게로 돌아오리라는 믿음을 버리지 않았다. 그러나 『길은 광야의 것이다』, 『초심』으로 마치 끊어질 듯 느리게 이어지면서 울리는 그의 노래는, 제각각 자신이 선 자리에 묶여 있는 그 질타와 믿음 모두를 비켜가는 것으로 보인다. 먼 곳에서 시로 쓴 편지가 전해지면서 마치 우공의 삽으로 산의 자리가 옮겨지듯이 그의 언어와 침묵에 의해 혁명의 자리가 조금씩 옮겨지기 시작했기 때문이다.

> 내가 있던 그 자리에 바람이 들어와 앉고
> 구름이 들어와 앉고 새들 날아와 앉고
> 내가 있던 그 자리에 눈보라 휘날리고
> 나 다닌 것들이 다 다녀가고
> 시간은 마침내 그 자리조차 지우고
> ―「느티나무」 부분, 『초심』

『길 밖의 길』은 『초심』의 주제와 그 여운이 채 사라지기도 전에 그것과 겹치듯이 서둘러 다르게 그 주제를 개시하는 다른 반복구, 즉 알레그레토 조(調)의 리토르넬로(ritornello)이다. 그의 행보는 안단테 조(調)를 벗어나 빠르게 움직인다. 바람의 시간이 대지의 시간을 대체한다.

2

『인간의 시간』까지 '바람'은 '몸 기억을 깨뜨'(「눈 위에 부른 바람」)리는 환기의 힘으로, 외부적 자극으로 남아 있었다. 이때까지 시인은 삶과 혁명을 여전히 '불씨', '불꽃'으로 사유했다. "우리는 장작불 같은 거야 / 먼저 붙은 토막은 불씨되고 / 빨리 붙은 장작은 밑불이 되고 / 늦게 붙는 놈은 마른 놈 곁에 / 젖은 놈은 나중에 던져져 / 활활 타는 장작불 같은 거야"(「장작불」, 『만국의 노동자여』, 청사, 1988, 9쪽)의 시상은 12년의 세월을 건너뛰어 "태양이 불을 붙였다 / 들은 산화를 시작한다 / 초록의 불꽃이 불꽃을 전한다 / (…) / 노랗게 푸르게 붉게 불길이 번진다 / 들에서 산으로 산에서 물로 / 연료와 산소를 품은 대지에 해가 불을 가져왔다 / 옮겨 활활 타오른다 / 대지에 하나의 진리가 있다면 / 그것은 피워올리는 거다"(「모두가 불꽃이다」, 『인간의 시간』, 창작과비평사, 1996, 48~49쪽)에로 연속된다. 혁명을 이해하는 이 원소론적 사유에 비할 때 다음과 같은 시적 사유는 분명 하나의 커다란 전환을 보여준다.

> 바람은 무수한 줄기와 가지와 잎을 가졌다
> 잎새마다 무수한 생명을 달고
> 소용돌이치며 가지로 줄기로 잎새로
> 숨을 전한다 생명을 전한다
> 나무였다 바람은 무수한 나무였다
> 생명은 소용돌이였다 소용돌이는 우주였다
> 저들이 가둔 것은 바람이었다

> 권력은 저 소용돌이를
> 미치도록 싫어하는 것이다
>
> ─「바람은 한 그루 나무」 부분, 『초심』

『길 밖의 길』은 '불씨'에서 '바람'으로의 전환을 매우 선명하게 보여준다. 바람은 원소가 아니라 기압, 기온, 방향 등의 차이에서 생기는 발생적 존재이며 그 차이가 생산하는 실재적 힘이다. 따라서 그것은 관계이면서 동시에 존재이다. 『초심』에서 단초적으로 발견되었던 바람의 사유, 좀더 정확하게 말하면 바람-되기는 『길 밖의 길』에서 한층 심화된다. 그것은 더 이상 환기나 자극의 힘으로 외부화되어 있지 않고 생명과 삶 속으로 내재화된다. 이러한 전환은 두 종류의 바람에 대한 구분을 통해서 이루어진다. '밖에서 부는 바람'과 '마음에서 이는 바람'의 구분. 전자는 우리를 휩쓸 뿐이지만 후자는 우리를 단결시킨다.

> 우리들 사랑도 때로는 밖에서 오는
> 바람 앞에 날개를 꿈꾸기도 하였으나
> 그렇게 밀려온 것은 그렇게 또 쓸려갔었네
> 가슴에서 따스운 바람 일고
> 마음 깊은 곳 맑은 지혜의 샘 아니면
> 이제 희망을 말할 수 없네
> 생의 활력과 지혜의 연대
> 저 큰바람이 아니라 마음에서

마음으로 부는 따스운 바람 아니면
　　폭풍도 소용이 없으리
　　희망을 말할 수 없으리

　　　　　　　　　　　　　　―「태풍」 부분

　　바람은 경계를 허물고 경직된 것을 전복하는 힘이다. 그것은 '산'을 '골짝'으로, '강'을 '산'으로, '마을'을 '돌무덤'으로 뒤바꿀 뿐만 아니라 나무 그늘 아래 눌려 있던 '풀씨들'을 '키 큰 나무' 너머로 비행토록 하여 '바다 건너' 키 큰 나무들이 무너진 자리에 내려앉게 만든다. '마음에서 마음으로' 부는 내재성의 바람은 '생의 활력과 지혜의 연대'를, 전 지구적 희망을 말하게 하는 힘이다.

　　　　　　　　　　　　3

　　내재성의 바람에 깃든 생의 활력은 실체화된 대상이 없는 실재라는 의미에서 '자재(自在)'의 힘이다. 그것은 "마음은 한 점도 끼어들지 못하게 하고 / 몸 밖의 것도 끼어들지 못하게 하고 / 아무리 껴안아도 바람뿐인 몸 / 살은 저만큼 빠져나가고 바람으로 남은 몸"(「바람도 없이」)이다. 이 '자재'의 사유, 즉 관자재(觀自在)의 수행이 『길 밖의 길』을 이끈다. 그래서 시인은 여러 번 이 주제의 변주를 제시한다. 예컨대 「씨앗 한 알에」는 넝쿨의 비유를 통해, 그도 모자라 불꽃놀이의 비유를 통해 이것의 좀더 가시적인 형상을 제시하려 노력한다.

> 넝쿨은 자라 전부를 부수어
> 하나 또 하나가 되지만
> 그 하나는 다시 전부가 되어간다
> 안으로 자재하고
> 밖으로 관계한다
> 안으로 마음에 이르고
> 밖으로 몸을 펼쳐 둥근
> 생명의 넝쿨이 된다
>
> 그것은 부서지면서 완성되는
> 허공에 터지는 불꽃놀이 같다
>
> —「씨앗 한 알에」부분

시인은 이 씨앗 한 알의 움직임에서 생명의 율동을 보듯 플라타너스 새순에서 생명의 노래를 듣는다. 중요한 것은 이 자재의 노래가 수직으로 치솟는 플라타너스 나무에서 울림에도 불구하고 어떤 위계적 이미지도 갖지 않는다는 것이다. 오히려 시인은 봄날 돋는 그 새순의 떨림에서 입학식날 풍금을 놓고 불렀던 우리의 노래를, 존재의 파동을 듣는다.

나무야, 네 몸 속에서 일어나는 이 봄날의 떨림이

우리가 옛적에 불렀던 그 노래가
연둣빛 새잎으로 재생되는 것은 아닐까
나무야, 오늘 네 노래 내 몸에 다시 새겨져
언젠가 누가 다시 발굴하게 될 테지

존재는 파동이라고도 했지
저 봄날 새순들은 음악이라고 해야 할까
때로는 존재가 노래라네

— 「노래」 부분

    존재는 파동이고 음악이어서 공통(共通)을 생산하는 노래일 뿐 초월적이고 보편적이어서 위계를 구축하는 실재가 아니다. 그것은 시인이 그렸듯이 '마음에서 마음으로' 이는 바람, 즉 모든 것을 향하여 열리는 공통의 움직임, 수평적 관계의 흐름이다. 『인간의 시간』에서 나타났던 이육사적 절정의 시간, 그 첨예함의 시간은 이제 한용운적 님의 시간, 그 넉넉함의 시간에 길을 비켜준다. 경계를 넘은 연대의 움직임, 공통의 움직임이 시편들을 횡단한다. 아이들이 가지고 노는 '연'은 '바람에게 말을 거는 전화기'(「연」)이며, '달'은 '밖에 내다 건 생의 안쪽'(「달」)이다. 이 파동의 시각 속에서 언양장에 나와 있는 고추, 토마토, 호박, 조롱박, 참외 모종들은 밥상에 오를 먹잇감으로서가 아니라 '식구'로 사고된다(「봄날에」). 이때 삶은 문득 '표류'의 얼굴로 나타나는데, 그것은 '방황'과는 전혀 다른 색깔을 띤다.

흙탕물이 솟아나고 바닥을 뒤집으며
큰 풍랑이 일고 둑이 터져버렸네
세월, 그렇다네 시간은 스스로 범람하고
스스로 폭발하고 또 표류하는 것
그리하여 삶은 표류의 연속이었지
숱한 세월 흘러 나 잠시 잠잠하게
표류하면서 수면 위에 떠올라 오는
그림 하나 보네 푸른빛 수채화 한 장

─「세월」부분

여기에서 우리는 '표류'의 형상을 통해 희소성의 논리 속에 감추어져온 삶의 충만을 엿볼 수 있다. 분초를 다투도록 강제되는 노동-시간의 밑에서 흐르고 있는 것은 충만하다 못해 범람하고 폭발하는 삶-시간으로서의 세월이며 표류는 그 충만의 세월을 사는 기술이다.

4

자본은 우리의 등을 계속 떠밀면서도 끊임없이 자신의 영토에의 정착을 강요한다. 시인은 이 영토화의 힘을 거슬러, '표류'를 멈추어야 할 것으로서가 아니라 삶의 방법으로, 공통적인 것을 구축하는 붉은 실로 설정한다.

그래서인지 『길 밖의 길』에 스며 흐르는 표류의 정서는

'그리움'이다.

> 그리움은 이제 존재의 이유
> 손에 잡히는 모든 것은 거짓
> 저 꽃이 건너온
> 강 건너 손을 내밀어보네
> 수평선 너머 불어오는 바람을 안아보네
>
> ―「그곳에 매화」 부분

강 건너로 손을 내밀고 불어오는 바람을 안아보는 것. 이렇게 자재는 그리움으로 존재한다. 그리움은 '바람도 없이'일기도 한다(「바람도 없이」). 물론 그 그리움이 실은 바람의 노래임을 시인이 모를 리 없다. 그래서 시인은 '이제는 바람이 몸을 지나가게 놓아두리라'(「바람도 없이」)고 다짐하는 것이다. 많은 경우 그리움은 불화했던 세상(「용서」)을, '세월의 무덤'(「물무덤」)을, 그리고 '어느 한곳은 모자라고 모서리 하나는 부서지고 허물어진 사람들'(「영천 완산 시장」)을 향한다.

주목해야 할 것은 이 그리움이 분노를 이기며 강력한 사랑의 정서로 발전한다는 것이다. 그것은 "아이를 둘씩이나 걸리고 한 아이는 업고 / 양손에 무거운 짐을 들고"(「동해남부선」) 가는 '거친 손'을 가진 옛 친구의 고됨을 나누려는 안타까운 몸짓으로 나타나기도 하며 "지나간 날들이여. 오 슬프고 어두침침하고 창백한 것보다 더 사랑할 가치가 있는 것이 무엇이더냐. 나는 사랑이 아니라 분노를 택하였네. 처음 그것은 사랑을 위한 것이라고 믿었으나 내 사랑은 분노의 불길로 인해 깊은 화상을 입었네"(「전하동 산번지」)라는 각성의 음성으로 나타나기도 한다.

그렇다면 백무산의 시에서 분노는 자리를 잃는가? 적어도 '욕망의 분배'에서 시작하고 또 그것을 목적으로 하는 분노는 그렇다고 할 수 있다. "생존을 분배받기 위해 화염병으로 저항하고 생활을 분배받는 일로 쇠파이프로 무장하는 일이 어쨌단 말인가? 그러나 욕망을 분배받는 일은 벼랑으로 가는 일, 노예 되기를 동의하는 일, 저 강물을 배반하는 일, 나무를 능멸하는 일, 저들과 공범이 되는 길, 이제 다시 물어야 한다, 왜 파업을 하느냐고, 다시 물어야 한다, 그리고 그 대답은 이제는 달라야 한다고."(「욕망의 분배」, 『초심』, 130쪽). 그 다른 대답은 2004년 5월 1일 114번째 노동절에 바친 시 「스스로 미래가 되어라」(『매일노동뉴스』, 2004년 5월 3일)에서 암시된다.

자본의 분배,
욕망의 분배,
소비의 분배로,
노동자의 영혼을 팔지 말라!
우리의 요구는 진실한 삶이며 아름다운 생명이며
고귀한 영혼이지 저들 욕망의 부스러기가 아니다
인간을 착취하는 자가 자연을 착취한다

우리는 저들 뭇 생명과도 평등을 원한다
모든 생명이 하나 되는 기쁨의 축제를 요구한다
—「스스로 미래가 되어라」 부분

모든 권력을 자신의 발 아래 종속시키고 단결만으로 세상을 구하는 그리움의 전사들, 사랑의 전사들에게 분노할 것이 있다면 그것은 뭇 생명들이 서로 통하지 못하도록 막는 차별과 혐오이다. 사랑이라는 이름의 준비된 폭력, 신의 정의와 사랑의 이름으로 이루어지는 침략, 시혜로서의 사랑, 이런 사랑을 재생산하기 위한 차별적 혐오, 모든 평화를 제압하고서야 오는 권력의 평화가 그것이다.

전쟁이냐 평화냐가 아니다
평화의 반대는 전쟁이 아니라 혐오다
차별의 혐오는 이미 우리의 일상을 지배한다
차별의 전쟁은 우리 안에서 들끓어 올라
생계수단을 차별화하고 국가이데올로기를 복제한다
무한경쟁의 자본은 무한차별의 혐오화다
그 서열은 국경을 넘어 제국을 탄생시켰다
그것은 다시 우리 안에서 복제된다
평화의 반대는 전쟁이 아니라 차별적 혐오다
—「혐오」 부분

그러나 이제 분노의 비판은 사랑의 테크놀로지에 속할 뿐 그 자체로 자립적인 것은 아니다. 욕망을 분배하려는 차원, 권력을 놓고 겨루는 차원을 벗어나고 나면 분노는 자립성을 잃는다. 겉으로 보면 마치 『미포만의 동트는 새벽을 딛고』 (1990)로 돌아가는 듯한 이 산문화된 시적 고발의 지점에서 시인이 자신의 시작(詩作)의 시적 위치를 다시 한 번 밝히는 것은 아마도 이 때문일 것이다. "산란을 마치고 마지막 숨을 몰아쉬며 / 배를 뒤집고 처음 본 그 하늘 다시 본다 / 그러나 아직은 회향이 아니다", "달은 한 번도 / 같은 달이었던 적이 없었다"(「회향」)고 표현되는 이 단호한 다름의 선언은 바람과 표류와 그리움과 사랑이 불가역의 것임을, 그의 옛 자리 그래서 그곳으로의 '돌아옴'을 기준으로 한 비난들이 표적을 빗나갈 것이고 그러한 기대들이 채워질 수 없으리라는 강력한 응답인 듯하다.

　　가을 물살 헤치고 거슬러 오르는
　　황어의 속도로 오르던 날들 있었지
　　그러나 그것은 밖으로 흐르는 속도의 표류

　　나는 나를 놓아 낙하를 시도했네
　　그것은 직진낙하 폭포의 속도

　　바닥에 발 닿는 소리에 놀라
　　올려다보니
　　우주의 무게로 퍼붓는 속도

돌아보니 달리는 건 내가 아니라
세상이었고
폭포는 구심에서 무섭게 달려가네
정지의 속도

나무처럼 뜨겁게
달려가는
역의 속도!

―「역의 속도」 전문

「혐오」와는 달리 간결한 어조로 속도감 있게 진행되는 이 시에서 표류와 유목, 그리움과 사랑은 역설적이게도 정지의 이미지와 결합한다. 무서운 속도는 세상의 속도였고 '나'의 낙하 속도는 실제로는 정지의 속도였다. 사람들이 돌아나오는 길로 들어감으로써(「운명」) 발생하는 '역의 속도'였다. 그러나 그것은 결코 죽음으로서의 정지가 아니다. 그것은 '나무처럼 뜨겁게 / 달려가는' 고요의 힘이다.

5

이 뜨거운 질주는, 이 바람의 표류는, 그 사랑의 그리움은 지금 어디로 향하고 있는가? 이것이 내가 마지막으로 응답해야 할 문제이다. 이 문제는 『길 밖의 길』의 새로움을 밝히는 문제이기도 하다. 우리는 이미 『길은 광야의 것이다』에서 '그대'의 출현을 본다. 그곳에서 '그대'는 '그녀'의 형상으로 나타난다. "나는 강으로 가야 한다 / 그 푸른 강물엔 그녀가 살기에 / 그곳에 가면 지친 내 의식에 젖을 물리기에"(「그녀가 사는 곳」, 『길은 광야의 것이다』, 창작과비평사, 1999, 48쪽). '그녀'는 강에 뿐만 아니라 숲에도 살며 노동의 대지에도 산다. "나는 마침내 대지로 가야 한다 / 내 노동의 대지에 그녀가 살기에 / 내가 기꺼이 땀 뿌리면 생명의 잔뿌리들을 / 다 받아주고 내 잠깬 몸에 생명의 / 어린 싹을 키우도록 젖을 물린다 / 나는 가야한다 그녀가 사는 곳"(같은 책, 49쪽). 이 강박 같은 그리움이지만 그것은 『초심』에서까지는 '기다림'으로 나타날 뿐이다. "간밤에 몇 번인가 / 잠에서 깨었네 / 후둑 후두둑 후두둑 / 늦가을 빗소린가 / 창을 열고 손 내밀어 보지만 / 별은 맑고 바람도 없는데 / 온단 말 없던 사람 생각 / 홀로 설레네"(「그대 없이 겨울이 또 왔네」, 『초심』, 실천문학사, 2003, 16쪽). 『길 밖의 길』이 이 두 시집과 다른 점이 있다면 '그대'의 문제가 하나의 화두일 뿐만 아니라 중심 화두로 등장하고 또 그것이 '기다림'의 모습이 아니라 적극적인 '찾아 나서기'의 모습을 취한다는 것이다. 「그대 없이 저녁은 오고」, 「그대 가신 나라에서」가 옛 어조로 조용히 그리움을 다시 한 번 노래한 후에, 돌연 그 고요한 그리움의 시간을 깨는 행동의 시간이 펼쳐진다. 이것을 결정하는 것은 '네가 내게로 온다고 꽃이 피는 건 아니야'라는 각성이다.

언제 저리 피었나
그저께가 입동인데
대문간에 한 그루 산수유나무

앙상한 가지마다 돋은 망울들
뽀얀 털 뒤덮인 꽃망울들
산엔 아직 나무들 낙엽도 다 떨구기 전인데
한겨울이 오기 전에 이미 꽃망울 다 이루고
기다린다네 봄날 같은 너를 기다린다네

네가 내게로 온다고 꽃이 피는 건 아니야
꽃망울을 내 가슴에 다 이루기 전에
나를 버리고 너를 사랑한다는 맹세는 헛되다

내가 나를 통과하지 않고
어찌 너를 만나랴
너를 만나 꽃을 피우랴
이 겨울 다 건너기 전에
네게로 이르는 쉬운 길로 나는 나서지 않으련다
—「네게로 가는 길」 전문

  둘째 연과 셋째 연 사이에서 급격한 반전을 이룬 후 넷째 연에서 시인은 '나를 버리고 너를 사랑한다'는 맹세의 헛됨을 꼬집고 '나'를 통과하여 이루는 만남, 꽃을 피울 만남을

위해 '네게로 이르는' 쉽지 않은 길을 선택한다. 이 선택은
「그대에게 가는 모든 길」에서 좀더 영롱한 형상을 얻는다.

그대에게 가는 길은 봄날 꽃길이 아니어도 좋다
그대에게 가는 길은 새하얀 눈길이 아니어도 좋다

여름늘 타는 자갈길이어도 좋다
비바람 폭풍 벼랑길이어도 좋다

그대는 하나의 얼굴이 아니다
그대는 그곳에 그렇게 늘 있는 것이 아니다
그대는 일렁이는 바다의 얼굴이다

잔잔한 수면 위 비단길이어도 좋다
고요한 적요의 새벽길이어도 좋다
왁자한 저자거리 진흙길이라도 좋다

나를 통과하는 길이어도 좋다
나를 지우고 가는 길이어도 좋다
나를 베어버리고 가는 길이어도 좋다

꽃을 들고드 가겠다
창검을 들고도 가겠다
피흘리는 무릎 기어서라도 가겠다

모든 길을 열어두겠다
그대에게 가는 길은 하나일 수 없다
길 밖 허공의 길도 마저 열어두겠다

그대는 출렁이는 저 바다의 얼굴이다
　　　　　　　―「그대에게 가는 모든 길」 전문

첫째 연과 둘째 연에서「네게로 가는 길」의 주제가 반복된다. '여름날 타는 자갈길' 일 수도 '비바람 폭풍 벼랑길' 일 수도 있는 길이기에 쉬운 길이 아니다. 넷째 연에서 길은 '비단길', '새벽길', '진흙길' 로 다양화한다. 그리고 다섯째 연에서 그 길과 나와의 관계가 선연하게 드러난다. '나를 통과하는 길', '나를 지우고 가는 길', '나를 베어버리고 가는 길' 로. 일곱째 연에서 마침내 방법의 다양성이, '그대에게 가는 길은 하나가 아' 님이 선언된다. 그것은 길 밖 허공의 길까지 포함하는 다양한 방법과 다양한 결의를 허용하는 길이다. '꽃을 들고도', '창검을 들고도', '피흘리는 무릎 기어서라도' 갈 수 있는 길이다. 이 무수한 길들을 허용하는 '그대' 는 대체 누구인가? 그것은 '하나의 얼굴' 이 아니며, 그곳에 그렇게 늘 있지도 않은 '일렁이는 바다', '출렁이는 바다' 의 얼굴이다. 이것으로 우리는 '그대' 의 변화무쌍하고 다양한 얼굴을 짐작할 수 있지만 그럼에도 불구하고 그것을 위대한 것, 총체적인 것으로 생각할 위험이 있지 않은가. 심지어 그것을 어떤 초월적인 것으로 생각할 위험마저 있지 않은가. 다행히 시인은 그것을 미지의 것으로 남겨놓지 않는다. 시인이 우리에게, 끊긴 길 위에서 이미 만나 본 '그대'의 얼굴에 대해 이야기해주기 때문이다.

길이 끝나는 길에 나는 앉아 있었네
나도 끝이 나서 할 일을 잃었네
둑은 터지고 마을은 물 아래 있었네
사람길 다 끊겨 적막한 밤에
끊긴 길 위에서 밤을 지새네
나와 오래 한몸이던 이 길이
이 밤 이리도 낯서네

이대로 이 적막 위로 동이 트는데
아무도 없는데 누가 날 쳐다보는 듯
자꾸 귓불이 가려웠는데
낮은 길섶 안개 속에 구절초 한 송이
옅은 햇살에 뽀얀 얼굴로 날 보고 있었네
저리도 따스웁게 날 보고 웃는 꽃 한 송이 아,
저 꽃 한 송이가 나를 일으키네

아하, 언젠가 우리 어디선가 어디에선가
아주 아주 오래 전에 내 곁에서
눈을 반짝이며 말없이 오래 머물다 간 사람
이렇게 다시 만나네

금생에 이렇게 다시 만나네

―「꽃 한 송이」 전문

딱딱한 각운으로 결의의 단단함을 밝힌 「너에게 가는 모든 길」과는 달리, 부드러운 각운을 따라 노래처럼 흐르는 이 시에서, 놀랍게도, 첫째 연의 아득함을 쓸어내며 '나'를 일으키는 둘째 연의 따스함, 그 '바다의 얼굴'은 '낮은 길섶 안개 속에 핀 구절초 한 송이'였을 뿐이다. 구절초 한 송이가 '낮은' 길섶에, 그것도 '안개' 속에 피어 있다는 표현 속에서 우리는, 그 구절초가 '반짝전구를 창둔에 달아주었더니 정말 좋아라 환하게 웃'다가 어름처럼 싸늘하게 식어간 '전하동 바닷가 공단 산동네 무허가 산번지'(「전하동 산번지」)의 그 아이임을, '몸밖에 가진 것 아무 것도 없는 여자'(「바람도 없이」)임을, '가진 것이 없는 자들'(「혐오」) 그래서 전태일, 박일수, 김주익처럼 불길로 걸어들어갈 수밖에 없었던 수많은 사람들(「이럴 줄 알았으면」)임을, 아버지의 초조를 잠재웠던 '과부조합장'(「문병」)임을, '흙 묻은 고무신에 낡은 몸뻬 / 한 다리는 절고 한 팔은 손목에서 꺾여 / 제멋대로 떨'며 가는 '저기 한 할머니'(「착각 또는 착오 그리고 착취」)임을, 그리고 '아직 비바람 천둥' 속에 있는 '내 삶'(「가지 않으리」)임을 넉넉히 짐작할 수 있다. 이 '낮은' 삶들은 스스로 겪는 자들에게도 얼마나 낯설고 또 슬픈가. 그러나 시인은 이것들이야말로 '내 텃밭에 핀 꽃들'이고 '날 찾아온 꽃들'임을 놀라움 속에서 받아들인다.

내가 가꾼 텃밭에 잡초만 무성하네
내가 심어 싹을 틔운 것은
그늘에서 햇빛도 받지 못하였네

잡초들만 꽃을 피워 가득하네
내가 가꾼 것은 꽃망울도 맺지 못하였네

내가 꿈꾸어 온 것은 어디 가고
낯선 것만 내 텃밭에 뿌리 내렸네

어쩌다 이리 낯선 삶만 무성한가

그래도 저것은 모두 내 텃밭에 핀 꽃들
저 꽃들 모두 날 찾아 온 꽃들

뽑고 나면 언제나 낯선 말처럼
삶은 낯설어 슬프고 놀라운 것

—「슬프고 놀라운」 전문

'그대에게 가는 길'은 그 어떤 초월적 구도의 몸짓일 수 없다. 그것은 그 스스로 '잡초'인 시인과 우리들 모두가 '낯설어 슬픈' 삶들을 놀라워하며 잡초들의 '텃밭'을 가꾸는 일일 뿐이다. 이렇게 일상에서 가꾸어지는 텃밭이 아무리 보잘것없다 할지라도 그것이 바로 '만국의 노동자들'의 단

결을 넘어 풀, 나무, 강, 눈, 달, 요컨대 모든 존재의 바람이, 그리하여 '모든 생명이 하나 되는 기쁨의 축제'(「스스로 미래가 되어라」)를 벌이는 자율−자재의 공간을 옅어가는 것임을 누가 부정할 수 있겠는가? 이렇게 하여 백무산의 시들은 지금까지 국가권력에 혼을 빼앗겨 그 주위를 불나비처럼 맴돌다 스러져 갔던 혁명들의 자리를, 뭇 생명들과 다중들의 마음에서 마음으로, 몸에서 몸으로 이는 바람의 자리로, 낯설어 슬픈 저 놀라운 삶의 자리로 묵묵히 옮겨 놓고 있다. 아마도 그는 결코 옛 시절의 그 자리로 '돌아올' 수 없을 것이다. 무엇보다 그가 단 한 순간도 혁명의 자리를 떠난 적이 없기 때문이며, 또 그가 지금 혁명이 스러진 반동의 황야에서 다른 혁명적 가치들을 재구축하고 그것들을 전진시키려는 구성의 노동에 매혹되어 있기에.

후기

　이십대를 거의 다 보낼 무렵까지도 문학은 나에게 상식 이상의 것이 아니었다. 그 무렵에 나는 우연히 한 시인을 만났는데, 그의 지독한 가난과 끔찍한 슬픔, 그리고 삶의 일탈과 순수를 향한 대책 없는 고집스러움에 적잖은 혼란을 느꼈던 일이 있었다. 그것은 또 그 시대를 저항하는 눈물겨운 방법이었기에 내 삶을 기어코 흔들어 놓았다. 이십대 중반이었던 그 시인은 박영근이었다. 그와의 짧은 만남 이후 거의 소식도 모르고 살았으나, 그 인연으로 내딛기 시작한 우연한 발길이 20년을 이어왔다니 믿기지 않는다. 한 발은 늘 밖에 있었다고는 하나, 돌아보니 부끄러워해야 할 일도 세월의 부피만큼 비현실적으로 느껴진다.
　요즘 들어 그 첫마음이 자꾸 아프게 다가온다. 세상의 탐욕과 권력의 구조화된 그물망이 점차 거대해지고, 조밀해지고, 일상화되고, 추악해져 왔다. 그럴수록 내가 꿈꾸지도 않았던 세계에 조금씩 빨려들었던 것은 어쩌면 당연한 일이었는지도 모른다. 그러나 또 다른 속박을 늘 경계하지 않을 수 없었다. 왜냐하면, 시는 안(국가, 길, 나, 시)에 있으나 밖을 향하는 물건이라는 생각 때문이었다. 나는 그것을 내 안으로 붙들려고 하지 않았다. 밖을 버릴 때면 어김없이 추한 권력의 냄새가 났기 때문이었다.

좋은 책을 전하기 위해서는 여러 희생을 두려워하지 않는 갈무리 출판사의 모든 식구들에게 고마움을 전한다.
정우영 시인은 고맙게도. 내가 캄캄한 촌구석에 산다고 이것저것 챙겨주어, 그가 아니었으면 할 수 없었던 일 여럿을 하게 하였다. 작년에 낸 시집 『초심』도 내가 쓰레기통에 처박은 원고를 그가 끄집어낸 것이었다.

아직 동은 트지 않았으나, 어둠 속에서 신발끈을 조이는데, 새들 우는 소리 마당에 가득하다.

갑신년 오월 백무산

피닉스문예 4 Cupititas

길 밖의 길

지은이 백무산
펴낸이 장민성
책임운영 신은주 편집부 최미정 마케팅 오정민
용지 화인페이퍼 인쇄 한영문화사 제본 한영문화사

펴낸곳 도서출판 갈무리 등록일 1994. 3. 3. 등록번호 제17-0161호
초판 1쇄 발행 2004년 6월 25일 초판 2쇄 발행 2005년 1월 22일

주소 서울 마포구 서교동 375-13호 성지빌딩 101호 (121-839)
대표전화 02-325-1485 편집부 02-325-4207 팩스 02-325-1407
website http://galmuri.co.kr e-mail galmuri@galmuri.co.kr

ⓒ 백무산, 2004

ISBN 89-86114-68-2 04810 / 89-86114-58-5 (세트)
값 7,000원